ປາມຶກກັບຂ້າມ

ໂດຍ: ເບງບາ ພາຣາດ-ຈອບຊຸບ

ຮູບໂດຍ: ໂມນິກາ ອຳຕິສ

Library For All Ltd.

ປາມຶກກິງກັບຂ້າມ

ພິມຄັ້ງທຳອິດ 2020

ຈັດພິມໂດຍ: ອົງການ Library For All
ອີເມວ: info@libraryforall.org
URL: libraryforall.org

ຮູບແຕ້ມຕົ້ນສະບັບໂດຍ ໂມນິກາ ອຳຕິສ

ປາມຶກກິງກັບຂ້າມ
ພາธາດ-ຈອນຊັນ, ເບຼບາ
ISBN: 978-9932-09-130-0
SKU01100

ປາມຶກກ້າງກັບຂ້າມ

ยาว

ສິບ

ໜຸ່ມ

ແກ່

يَعُ

ຕຶກ

8

จ่อย

ເຍັມ

ร้อน

ปูน

แห้ว

ຄືໃຈ

เสียใจ

ທົວ
16

ไข้

เฮา

ອອກ

ສະຫວ່າງ

ມຶດ

ຂໍ້ມູນທາງບັນນາບຸກົມຂອງຫໍສະໝຸດແຫ່ງຊາດ

ເບູບາ ກາຮາດ-ຈອບຊັບ
     ປາມຶກກົງກັບຂ້າມ L / ໂດຍ ເບູບາ ກາຮາດ-ຈອບຊັບ. -- ວຽງຈັນ :
ມັກອ່ານ, 2020
     21 ໜ້າ : ພາບປະກອບສີ ; 21 ຊມ
     1. ວັນນະກໍາສໍາລັບເດັກ
     I. ຊື່ເລື່ອງ
808.899282 -- DC21
     ເລກທະບຽນພິມຈໍາໜ່າຍ: ຕາມທບ294ພຈ 27102020
     ISBN 978-9932-09-130-0

ເຈົ້າສາມາດໃຊ້ຄຳຖາມດັ່ງລຸ່ມນີ້ເພື່ອ ສິນທະນາກ່ຽວກັບເລື່ອງທີ່ອ່ານກັບ ຄອບຄົວ, ໝູ່ ແລະ ຄູອາຈານ.

ເຈົ້າໄດ້ຮຽນຮູ້ຫຍັງຈາກເລື່ອງນີ້?

ຈົ່ງອະທິບາຍເລື່ອງນີ້ ໂດຍໃຊ້ຄຳບັນຍາຍ
1ຄຳ. ຕະຫຼົກ? ຍ້ານ? ມິສິສັນ? ໜ້າສົນໃຈ?

ເມື່ອອ່ານຈົບແລ້ວ,
ເລື່ອງນີ້ໃຫ້ຄວາມຮູ້ສຶກຫຍັງແດ່?

ໃນເລື່ອງນີ້, ເຈົ້າມັກສິ່ງໃດຫຼາຍທີ່ສຸດ?

ກ່ຽວກັບຜູ້ປະກອບສ່ວນ

Library For All ເຮັດວຽກຮ່ວມມືກັບບັນຍາຍ ແລະ ບັນແຕ້ມ
ທົ່ວ ໂລກເພື່ອສ້າງເລື່ອງທີ່ທ້າງຖພທ້ຽາຍ, ມີຄຸນບະພາບສູງໃຫ້ກັບຜູ້
ອ່ານໂຕນ້ອຍ. ທຸກຄົນສາມາດເຂົ້າໄປ ເວັບໄຊ libraryforall.org
ເພື່ອຮູ້ຂ່າວທ້າສຸດ ກ່ຽວກັບກິດຈະກຳຝຶກອົບຮົມບັນຍາຍ, ຄູ່ມືຕ່າງໆ ແລະ
ໂອກາດສ້າງສັນອື່ນໆ.

ປຶ້ມທົວບີ້ນ່ອບບໍ່?

ພວກເຮົາມີປຶ້ມຫຼາຍຮ້ອຍຫົວໃຫ້ເລືອກອ່ານ.

ພວກເຮົາຮ່ວມມືກັບນັກຮຽນ, ຜູ້ຊຽວຊານດ້ານການສຶກສາ, ທີ່ປຶກສາທາງດ້ານວັດທະນະທຳ, ລັດຖະບານ ແລະ ອົງກອນທີ່ບໍ່ຂຶ້ນກັບລັດຖະບານ ເພື່ອນຳຄວາມເຜີດເຜີນ ໃນການ ອ່ານໃຫ້ກັບເດັກນ້ອຍທົ່ວທຸກແຫ່ງ.

ຮູ້ບໍ່?

ພວກເຮົາສ້າງການປ່ຽນແປງທີ່ດີໃນຊີງເຂດນີ້ ໂດຍປະຕິບັດ ເປົ້າໝາຍ ການພັດທະນາແບບຍືນຍົງຂອງສະຫະປະຊາຊາດ.

libraryouforall.org